ADENYDD

Adenydd

Tudur Dylan Jones

Argraffiad Cyntaf — 2001

© Tudur Dylan Jones 2001

ISBN 1 900437 41 4

Y mae Cyhoeddiadau Barddas yn gweithio gyda chefnogaeth ariannol Cyngor Celfyddydau Cymru, a chyhoeddwyd y gyfrol hon gyda chymorth y Cyngor.

Cyhoeddwyd gan Gyhoeddiadau Barddas
Argraffwyd gan Wasg Gwynedd, Caernarfon

Mae gair o ddiolch yn ddyledus i'r canlynol...

i'm rhieni
i Emyr a Ceri am y cyfeillgarwch a'r cynghorion
i Alan Llwyd a Barddas am y cais i gyhoeddi

I ENID
CATRIN A SIWAN

Cynnwys

Adenydd	13
Y Môr	14
Hwiangerdd	20
Cusan	21
Owain Glyndŵr	22
Gwennan Haf	24
I Dylan Iorwerth	25
I'r Ffon Wen • Englyn Santes Dwynwen • Sol-ffa Pysgotwyr Dynion • Diolch i Wyn Owens am Lun	26
'Cofia Dryweryn' • Laurie Lee • Siwan ar Sgwâr Trafalgar Dyn Dall yn Canu'r Ffidil ar y Stryd • Efail y Gof	27
Hwylyrru	28
Y Seren Fach	30
Aelwyd • Afon Teifi yng Nghenarth	31
Ar y We	32
Aberpergwm • Branwen yn Ddeunaw Oed	33
Colled • Perchennog Teledu Lloeren • Cyffur O Ben y Frenni Fawr • Dychwelyd Llythyr Pennal	34
Effaith y Tŷ Gwydr • Ger Maes Gwenllian, Cydweli Nant y Fall, Yr Andes, Patagonia • Cwm Cych Ffôn Symudol	35
Gweld Bangor o Fiwmares	36
Menter Iaith Myrddin	37
Llythyr at Rieni	38
Parhad	39
Nadolig	40
Plant • Lleuad	41

Nant Gwrtheyrn, Haf 1999 • Y Cyfarwydd • Cwestiwn
Englyn ar Dorch Flodau ar Fedd Hedd Wyn • Llenni 42
Cosb • I Gynllunydd y Taj Mahal
Bro Myrddin • Sgwâr y Pentref 43
Ryan Giggs 44
Llaw 45
Muhammad Ali 46
Telyn 47
Criw'r Mimosa 1865 • Dyn Eira 48
Ward y Plant • Cyfarchiad i T. Llew Jones yn 80 49
Arian Ewro • Y Cei • Unigolyn • Priodas
Beddargraff Canrif 50
I Rachel • Ymson Un o'r Doethion • Pengwern
Canhwyllau Pen-blwydd • Plentyndod 51
Nadolig y Stryd Fawr 52
Cysur 53
Cywydd Cyfarch Dic Jones 54
Blino ar yr Ŵyl 56
I Rhiannon Evans 57
Dydd Iau, Medi 18, 1997 58
Hoelen • Gwisg • Mam • Llythyr Pennal
Gardd Gethsemane 60
Solfach • Cors • Enlli • Cestyll Cymru 61
Epigramau 62
I Anti Dilys 63
Canrif 64
Bois y Cestyll 65
Elfed Lewys 66
Marchnad 67
Hwiangerdd • Cytundeb • *Un Nos Ola Leuad* 68
Ffynnon • Tâl • Etholiad 1992 • Ceri Wyn Jones
Ci Lladd Defaid 69

Cawod • Kate Roberts • Idris Reynolds Graham Henry	70
Twyllo Mam	71
Jonathan Davies	72
Garddio	73
Yn y Nyth	75
Maddau i Ni ein Dyledion • Myfyrdod wrth Droi 30	76
Rhieni Hedd Wyn • Dafydd ap Gwilym • Sant Paul Waldo Williams • Siom	78
'Mi a'ch Gwnaf yn Bysgotwyr Dynion' • Kate Williams Catrin yn Dechrau yn yr Ysgol Feithrin • Cilmeri	79
Cywydd Croeso	80
Y Gornel Dywyll • Dau Gi Bach…	81
Tŷ Gwydr Llanarthne	82
Y Ddawns	83
Ysgol Tryfan yn 21 Oed	84
Gwisg Nos	85
Eglwys Gadeiriol Tyddewi • Mandela • Telyn Twm Bedd Hedd Wyn Dan yr Eira • Englyn Cydymdeimlad	86
Hunangofiant Alan Llwyd • Cwsg Ar Graig Uwchben Llangrannog	87
Arianrhod rhwng y Coed • Llanw a Thrai	88
Gwynt yr Hwyr	89
Y Ffawdheglwr	90
Hatling y Weddw • Rhyfel y Malfinas Englyn yn Cynnwys Enw Llyfr o'r Beibl Y Babell Lên • Gweddi ar Ddiwedd Diwrnod Ysgol	91
Nos a Bore • Ysgol Gynradd Aber-soch • Carchar Tweli Griffiths	92
Hud ar Ddyfed • Ha' Bach Mihangel	93
Traddodiad	94

Adenydd

(Sgwrs rhwng Siwan a'i thad un bore cyn mynd i'r ysgol. Siwan yn edrych ar aderyn trwy'r ffenestr...)

'Dwi isio bod yn aderyn pan fydda' i'n fawr.'
'Pam?'
'Achos dwi isio gallu hedfan.'
'O?'
'A byw mewn nyth.'
'O?'
'Ar frigyn ucha'r goeden.'
'Pam wyt ti eisiau bod yn aderyn?'
'Achos dydi adar ddim yn mynd i'r ysgol!'

Y mae angen adenydd
i roi dawns ym more'r dydd,
am fod yr un brigyn brau
yn rhy uchel i freichiau.

A chymer dy ddychymyg
bore oes i'th godi i'r brig,
a phan ddêl yr awel rydd
odanat, cei adenydd.

Y Môr

Heno daw un lle bu dau
i ddilyn ffordd o olau,
dilyn cadwen wen y nos
un hwyr, heb droi i aros
am baned, am obennydd
i roi ei daw ar y dydd.

Ddoe y rhamant, ddoe'r hiwmor, ymhell bell
mewn byd oedd yn esgor.
Traeth gwag, a'r dydd ar agor;
dim ond ti a mi, a'r môr.

Un lein goch yw'r lôn i gyd,
un hewl at ei anwylyd,
y naill un ar ôl y llall
yn ddeuol o ddiddeall,
a daw parau'r golau gwyn
oll o hirbell i'w erbyn.

Â ni yn ein hantur newydd am aros,
roedd y môr am undydd
o wres yn ein torri'n rhydd,
a'i donnau yn adenydd ...

Yn hir, fe losgir y lôn
gan wrych o frigau'n wreichion,
yn eu hencil yn wincian
draw'n y du fel drain o dân.
Un lle'n y nos, un llain wen
yn consurio can seren.

Roedd bywyd mewn munudau o goflaid,
a naid i'n heneidiau.
Yr oedd dawns yng nghyffwrdd dau
a'n siarad yn sgwrs oriau.

Drwy y nos daw'r un o hyd
na fyn arafu ennyd.

Ni chlyw'r dyfnfor yn torri
ar lan, na synhwyro'i li
yn hallt am fod pob milltir
rhyngddo a hon heno'n rhy hir.

Uwch y don fe'm lluchiwyd i, â ninnau
yn un yn ein meddwi,
i fydoedd dirifedi:
malio dim yn d'ymyl di.

Un yw ef ymysg nifer,
llwydyn o swllt yn y sêr;
un â'r rhai sy'n crwydro o hyd,
ymresymwyr y symud;
ar hewl ymlaen i rywle,
am mai ymlaen y mae'i le.

Golau o unigolion, yn llywio
llewyrch eu gobeithion.
Eithr o hyd, wrth yrru ar hon,
diwyneb ydyw dynion.

Mae nodwydd y munudau yn crynu'n
ddail crin, a'r silindrau
yn dynn ar waith dan yr iau,
yn peswch dan y pwysau.

Anelu at anwylyd, anelu
yn ôl at ei wynfyd,
heb awydd mwy mewn bywyd
na chân y ferch yn ei fyd.

I chwilio rhaid herio o hyd,
i chwilio rhaid dychwelyd.
Taith can milltir o hiraeth
tua'r wên fydd ar y traeth,
ac yno fe'i gwêl ganwaith
wrth iddo sbarduno'i daith

heibio i'r bae, trwy'r bore bach
ac i lôn gymaint glanach,
y lôn saff draw o'r draffordd,
arafach a phurach ffordd.
A daw gan dyniad y don
i lôn gul yn y galon.

At wawr y lan y try yr olwynion
a'i gwres yn nes lle bu oerni'r noson.
Fe wêl yr eiliad lle cwrdd cariadon
heb weld y gelltydd mewn blodau gwylltion.
Gwawr o liw ar gwr y lôn yn ddistaw,
ac wyla'r glaw ar eu harogleuon.

Yn awr nid oes un arwydd i'w arwain,
ond erwau'r distawrwydd
a ddwed i hwn ddod i ŵydd
y cyfeiriad cyfarwydd.

Ac yno ar awr gynnar, a'i drywydd
at ben draw ei ddaear
yn ei gymell at gymar,
llanw'r cof sy'n llenwi'r car.

Hyd wendon o fudandod, daw â'i fyd
i fan ei chyfarfod,
dynesu byth, hyd nes bod
sŵn teiars yn y tywod.

Roedd man lle chwarddem o hyd,
y fan lle safai'r funud
yn yr heddiw diddiwedd,
yn y bae lle nad oes bedd.

Dau ar gei yn dragywydd,
a'u dwylo'n dal yn y dydd
o gydwasgu, a disgwyl
agor haf ym mrig yr hwyl.

Â'u gafael ddoe yn gyfun,
yn eu gofal, dal yn dynn
wnâi dwylo dau wehelyth;
ond am ba hyd mae 'am byth'?
Bu llaw mewn llaw yn gwylio'r gorllewin,
yn bâr o eiriau, yn ddau bererin,
ac i nefoedd gynefin gyda thi,
down yma o ofid i wên Mehefin.

Hwn oedd ein nefoedd, ni chiliai'r hafau
o'r rhimyn hwn lle chwaraëem ninnau;
a llygad Erin a'm gwylia innau
yn dod i heddiw i uno'n dyddiau.
Gwelwodd holl wrychoedd golau y ffordd faith,
ymhen y daith mae dy gwmni dithau.

Yn y car yr wyf cyhyd,
yma heb fedru symud,
yma 'more diwedydd,
yn y darn rhwng nos a dydd.
Fel angor yn y môr mawr,
yn llonydd fel gwyll Ionawr.

Mae'i donnau mud yn ymhél
yn eiriau draw o'r gorwel,
a dau leuad o lewych
yno'n wyn yn syllu'n sych,
nes i ole boreol
y llanw'i hun syllu'n ôl.

Rwy'n galw ei henw hi,
a'i daenu'n fraich amdani.
Galw'n hir i gael yn ôl
hyn o gariad, ac eiriol
ei chlywed nes im gredu
yn y fath gariad a fu.
Ond er gweiddi'n dragwyddol
ni fyn neb ateb yn ôl.

Ni ŵyr yr hwyr ble mae hi;
ni ddaw dydd o hyd iddi.

Fe roed dwrn yn fy niwrnod, a bu'r ing
fel gweld broc ar dywod
y lan faith, cans gwelwn fod
i felyster ddiflastod.

Rywle i orwel o eiriau y gyrraf
y gair ddaw o'm genau
hyd nes bydd y dydd rhwng dau
yn llifo mewn sillafau.

Dyheu am yr hafau diog; eiliad
o'th heulwen, fel llwynog;
darn o wên draw yn annog,
darn o haul rhyw Dir Na'n Og.

Yn fy mhoen rhoeswn fy mod i glywed,
trwy'r glaw, dy fudandod,
rhoeswn wawr i synhwyro
dy enw di ar donnau'n dod

i greu iaith ar hyd y sgrin, yn lluniau
ein llawenydd cyfrin,
gan ein gweld yn sugno gwin,
yn yfed o'n Mehefin.

Ond mae ymson y tonnau'n
wag eu sŵn wrth agosáu;
a thyr holl iaith oer y lli
yn fudan ddirifedi:
hebot ti yn gwmnïaeth,
does ond môr yn treiglo'r traeth.

Wyt wên y tu hwnt i waedd,
A gair tu hwnt i gyrraedd.

Fel iaith bell rhyw draethell draw
yn estyn neges ddistaw,
cyn i'r ewyn ei hunan
ei dileu ar hyd y lan.

Daw'r ofnau ar donnau'r dydd, yn doriad
ar doriad o gystudd,
yn rhy wan i dorri'n rhydd
yn donnau heb adenydd.

Lle bu yn cymell bywyd, a dwyn dau'n
dynnach am un ennyd,
mae'r un môr yn ymyrryd
a throi'n fwy dieithr o hyd.

Nid yw'r tir yma'n clirio ei niwlen,
a deil i'm cofleidio
fel tarth môr yn cuddio'r co'.

Ai'r un dŵr dy ddeigryn di
â'r cefnfor sydd yn torri
ar hyd traeth fy hiraeth i?

Rwy'n aros i'r un hiraeth
dorri ei air rhwng dau draeth,
i dorri'n ddealltwriaeth.

Toddodd enfys fy nghusan
a'i liwiau mud yn law mân,
yn grio hyd y graean.

Daw rhyw osteg i dristyd
wrth alw'i henw o hyd,
wyf glaf o'i galw hefyd.

Ond mae dyheu am y dydd, y'n hunir
ninnau gyda'n gilydd
ymhell bell; rhywle lle bydd
llai o fôr rhwng lleferydd.

Hwiangerdd

Heno, heno, 'mhlentyn i,
eiliad yw'r si hei lwli,
eiliad fer cyn gweld 'fory
yn dod ar daith drwy dy dŷ,
yma â'i larwm amleiriog,
yn gainc o wên, yn gân cog.

Heno, heno, 'mhlentyn i,
rho rimyn o'r wawr imi,
rhimyn o wefr i mi'n wên,
rhodd o haul ar y ddalen,
rhigwm ar rigwm o wres,
cân ar gân i mi'n gynnes.

Wrth saernïo'r hen stori
sy'n trymhau dy aeliau di,
'run Siôn Cwsg yw'r un sy'n cau
yr hanes dan d'amrannau,
lond ei law yn dod â'i lwch
hyd wely dy dawelwch.

I grud o gwsg rhoed y gân,
ac eisoes y mae'r gusan
yn fy nwyn i'r fan honno,
tua'r haul, lle'r af bob tro'n
dy gwmni di, a ni'n dau'n
ei gyrraedd heb y geiriau.

Ond bydd yfory'n dduach
nag y bu, ryw 'chydig bach,
rhyw gwmwl dros rigymau,
ond cei weld, â'th lygaid cau,
fod parhad yr eiliad hon
yn rhyddhau dy freuddwydion ...

cyn i 'fory'n rhy fuan
ddod i dristáu geiriau'r gân.
Ond i'th gwmni di a'th dad
daw'r haul ym myd yr eiliad,
eiliad o si hei lwli
heno, heno, 'mhlentyn i.

Cusan

Pwy fyddai'n meddwl, Gyfaill,
ein bod fel hyn yn cwrdd,
a'r gwin a bara'r bywyd
yn barod ar y bwrdd.

Ces fy nigoni, Gyfaill,
eisoes mae'n hwyr y dydd:
gad imi adael arwydd
o'm diolch ar dy rudd.

Owain Glyndŵr
(I ddathlu chwe chanmlwyddiant y gwrthryfel cyntaf)

Wyt rym gwerin yn erbyn brenhinoedd,
yn gân i ryfel, ac yn ganrifoedd,
yn gefn, yn darian, yn gyfandiroedd,
yn llif yr afon, yn lleiafrifoedd,
yn llais yn yr holl lysoedd hafau'n ôl,
wyt wawr arhosol tu hwnt i'r oesoedd.

Am fod gwrthryfel, ac am fod gelyn,
mae taith ar waith, ac mae tân yn Rhuthun
yn dod i ysgwyd, a'r Llwyd yn disgyn,
y byw diarbed â'r byd i'w erbyn,
ac i lawr mae niwl y Glyn drosto'n cau,
mae heno'n ddechrau, a mamau'n ddychryn.

Mae, ym mharadwys, er marw'r 'Hedydd,*
un gân i'w rhannu, ac un arweinydd.
Cyfyd ei Bennal uwchlaw'r dialydd
yn gân o glod, ac i uno gwledydd,
mae'n gweld o draw mewn gwlad rydd faen ar faen,
a 'fory o'i flaen yn fur aflonydd.

Ond y mae man nad yma mohono,
un beddfaen cadarn heb enw arno,
y tir a'i cyfyd at wawr y cofio,
y cof a'i hiraeth sy'n ein cyfeirio
tua'r lle nad yw heno yn gorwedd,
yn nwfn y bedd na fyn wyneb iddo.

Yn nydd y llid, hwn oedd llyw
ein rhyddid, cei rai heddiw
yma'n gweld nad cledd mewn gwain,
na diwedd ydyw Owain.
Cof dy hil ydyw'r milwr,
dy galon di yw Glyndŵr.
Er i'r myrdd uchelwyr mân
rwygo'n draig a'n Darogan,

yn ddŵr iach trwy'r oesoedd, rhed
Sycharth i dorri syched.
Fel haul bywyd, cyfyd co'
am y gwâr, am mai gwawrio
yn barhaus wna'r bore'i hun,
gwawrio draw dros Gaer Drewyn.

Ac yno'n dawel mae llais Pwllmelyn
yn dod i wylo, a'r nos yn dilyn.
Lle daeth canmoliaeth, mae cân am elyn,
am Fai o frad, ac am fore wedyn.
Ond yn yr haf oeraf un fe erys
y dôn hiraethus am dân yn Rhuthun.

* *Yr 'Hedydd oedd un o filwyr Glyndŵr.*
Ceir cyfeiriad ato yn y gân werin:

'Mi a glywais fod yr 'hedydd
Wedi marw ar y mynydd.
Pe gwyddwn i mai gwir y geirie
Awn â gyr o wŷr ag arfe
I gyrchu corff yr 'hedydd adre.'

Gwennan Haf
(Merch fy nghyfnither Non, a'i gŵr, Steve.
Dioddefodd yn ddewr, a bu farw yn 5 oed)

Ddoe'n ôl, ein llawenydd ni
oedd y gân ddydd ei geni,
ac yn ei haul, Gwennan Haf
ddaeth â'r llawenydd eithaf;
dod â'i gwên i'n byd i gyd,
a Haf trwy'r flwyddyn hefyd.

Ni bu trysor rhagorach,
na gwên fwy na Gwennan fach.
Â'i thegwch cyfoethogodd
bob ennyd o'n byd o'i bodd;
rhannu wrth wenu wnâi hi
a'n cynnal yn ein cyni.

Yr oedd hi trwy'r awr dduaf
yn llawen fel heulwen haf,
ac yn awr mynegwn ni
heddiw ein diolch iddi
am roi gwefr ym miri'i gwedd,
am lenwi ein pum mlynedd.

Gwyddwn trwy eiriau'n gweddi
mai'n y Tad mae'i henaid hi,
ond ni all hyn wneud yn llai
y galar a'n disgwyliai,
na chwaith y tristwch eitha':
Non a Steve yn dweud 'Nos da'.

I Dylan Iorwerth
(Prifardd Coronog Llanelli 2000)

Roedd doe dros diroedd Dewi,
yr oedd llais yng ngwyrdd y lli,
ac i'r don dôi'r afon wâr
yn un llif, a Mai'n llafar,
a Mai'n hau'r un gwmnïaeth
eto ar hyd yr un traeth.
Ond tu ôl i'r un teulu'n
haul y dydd roedd cwmwl du
am aros i ymyrryd
uwchben Henfelen o fyd.
Yn y storm fe glywaist ti
leisiau Gwales, a gweli
rywfodd wrth geg yr afon
nad hafan mo'r hafan hon.
Am gael ei gân i'n canol,
am inni'i weld yma'n ôl
daw'r dyheu trwy dir Dewi,
y dyheu a greaist ti
yma'n y bae, ac mae'n bod
yn d'air di ar ei dywod.
Mae yma haul Mis Mai iach,
Mai gwahanol, amgenach.
Fe all doe dy gyfaill di
roi eto'r cysur iti,
y dyn hwn a roist un ha'n
gyfaill i Gymru gyfan.
Os oes bardd, os plantos bach,
na foed Mai yn fud mwyach.

I'r Ffon Wen

Am iddo dy deimlo di ar ei daith,
pan fo'r dall wrth groesi
yn clywed beth a ddwedi,
gwêl fwy nag a welaf fi.

Englyn Santes Dwynwen

Mae o hyd, yn nod i mi, gael dy weld,
gweld y wên yn gwmni,
ond tybed a ddywedi
mai'r un nod yw d'eiddo di?

Sol-ffa

Hyn sydd wir, pe tynnir 't', wedi i ru
'doh' a 'ray' ddistewi,
os 'ffa' a 'la' a ddilëi,
nid oes mwy ond 'soh' a 'mi'!

Pysgotwyr Dynion

Â'n llynnoedd ar fin llenwi ychwaneg,
rwy'n chwennych eleni
un a fyn fy nilyn i
â'i fryd ar fwrw rhwydi.

Diolch i Wyn Owens am Lun

Ôl dy law ar liw dy lun a welir,
a gwelaf trwy'r darlun
wlad y Preseli wedyn,
dy Breseli di dy hun.

'Cofia Dryweryn'

Er hanes y llythrennau ar y mur,
y mae'n eu cerbydau
ambell un sy'n ymbellhau
rhag aros ar y geiriau.

Laurie Lee

Pan oeddwn innau hafau'n ôl yn gweld
hwnt i'r giât gysgodol,
roedd o hyd ym mlodau'r ddôl
ryddid mor bellgyrhaeddol.

Siwan ar Sgwâr Trafalgar
(Chwefror 2000)

Heb air, roedd yno'n barod i'r adar,
a'r hadau yn syndod
lond ei het, a'r glaw yn dod,
glaw mân yn golomennod.

Dyn Dall yn Canu'r Ffidil ar y Stryd
(Rhagfyr 1999)

Heno'n dal dy Nadolig dan dy ên,
â dy dôn grynedig
yn dwysáu dy ofnau di,
gwelaist wên trwy'r glust unig.

Efail y Gof
(Erbyn hyn ei enw swyddogol yw 'The Forge Restaurant')

Gêr y go'n segur i gyd, yn harddu
o gylch byrddau diwyd,
a thŷ'r gwaith ar gau o hyd,
fel gefel o gau hefyd.

Hwylyrru

Mae sŵn llechi'n hollti'r hwyr,
y sŵn sy'n hollti'r synnwyr.
Sŵn ceir yn rasio'n y cwm,
yn rasio'n erbyn rheswm,
a dau yrrwr diaros
wyneb yn wyneb â'r nos.

Mae un mor ddiamynedd,
fe wêl lôn syth ar flaen sedd,
a char dieithryn arall
yw'r car yn awr, car na all
ond chwilio'n gyffro i gyd
y trofâu trwy ei fywyd.

Mae'n curo'r drefn mewn car drud,
yn rhyfel a sbri hefyd,
a'r dwyn yn rhoi adenydd,
dwyn, o raid, i'w godi'n rhydd
uwch y mil petheuach mân,
uwch y t'wyllwch tu allan.

Chwarae ag angau ei hun,
y diawl, a'r llall yn dilyn
y ffordd hon, a chyffro'r ddau
yn dynnach na'r pistonau.

Ac ar ras, fe dasga'r sgri,
a lluwch y llwybrau llechi
yn creu niwl trwy'r corneli.

Yn ddwy wên, yn ddiwyneb,
dau gyffro'n hidio am neb
hyd lonydd eu diawlineb.

Rhydd yn awr yw'r ddau na wêl
hen gae chwarae o chwarel,
na'r lluchio'r pentwr llechi
â llaw wen i wely'r lli,
na sgorio ar faes o garreg
hyd oriau'r doe ara' deg.

Rhydd i weld yn awr yw'r ddau'n
eu difyrrwch difuriau,
yn rhydd i yrru heddiw
hyd erwau'r lle, gan droi'r llyw
yn y ffydd fod mwy na phêl,
mwy na cherrig mewn chwarel.

Dwy law o wefr hyd y lôn
a'u dwylo yn oedolion
yn dal at y gorwel du,
ond er hyn, wrth daranu
at y ras tu hwnt i'r tro,
am unwaith, y mae yno
ddiniweidrwydd yn edrych
ar wyneb braw draw'n y drych,
un ar fin y trychineb
ar graig las, ar garreg wleb.

Rhed ei lais ar hyd y lôn,
yn glais dros lechi gleision.

O'i flaen, ni chlywyd ei floedd,
na'r glaw trwy'r hen greigleoedd

yn parhau; fe ddaeth cyn pryd
ddiweddu'r goddiweddyd.

A chell o alar i'w chael
i'w gyfaill, colli gafael
ar y daith, ac ar y dydd,
wna'r llaw wen mewn car llonydd.

Antur a her. Cyn y tro.
Cŵyn y brêc. Cyn braw eco'r
un ras yn erbyn rheswm,
eco'r un corn yn y cwm.

Y Seren Fach

Mae Nadolig yn yr awel,
ac mae clychau yn y gân,
y mae'r lleiaf un yn Arglwydd
ac mae Duw ei hun yn fân.
Ac o'r newydd fe ddaw geni
i gyfannu cylch y byd,
a llawenydd yr holl ddaear
yn llawenydd yn y crud.

Y mae praidd yn dal i ddisgwyl
o dan lygad lleuad dlos,
y mae doethion eto'n cerdded
tua'r golau yn y nos.
Ac yn rhywle mae 'na breseb
i gofleidio'r lleiaf un,
ac mae baban eto'n gorwedd
dan ei seren fach ei hun.

Aelwyd
*(Gweld Catrin, 4 oed, a Siwan, 8 mis oed,
yn chwarae â'i gilydd)*

Am ryw ennyd mae'r hyna'n
rhannu â'i chwaer yn ei chân.
Eiliad saff yw'r aelwyd sy',
ennyd fer cyn dod 'fory
i'r ddwy sy'n chwarae mor ddel,
chwarae'n iach â'r anochel.

Ond bydd, lle'n y byd y boch,
i ddenu'r ddwy ohonoch,
dân cariad yn wastadol
fan hyn i'ch cynhesu'n ôl.
Dod yn ôl at Daid a Nain
â chân eich plant eich hunain.

Afon Teifi yng Nghenarth

Tra bo'r lli trwy Deifi'n dal
ar ras dros garreg risial
daw o raeadr yr awen
alawon yr afon hen.

Afon hŷn na'i dafnau yw,
hen ddweud o'r newydd ydyw:
ei dagrau'n eiriau o hyd
a'i llif yn bennill hefyd.

Draw o'r dail daw dŵr y dydd
i greu miwsig o'r meysydd
a daw'r iaith o'r dŵr ei hun
i greu eog o'r ewyn.

Ar y We

Fi fy hun ar derfynnell
fy angen, a'r bore'n bell;
heno'n syrffio hyd syrffed
hwyr y dydd ar rwyd o we
drwy bader o wybodaeth,
drwy'r byd i gyd, a mi'n gaeth.

Ond ar un waith draw o'r nos
daw gobaith gydag E-bost,
dod â'i gyswllt o gysur;
ond wedi'i gael, dod â'i gur
a wna heno, dod ar daith
yn E-bost o anobaith.

Ar y rhwydwaith siaredais
ar hyd lein hir a di-lais;
yma'n awr yng nghwmni neb,
eto'n dyheu am ateb.
Gweld y sgrîn, a mi'n blino
wrth glywed belled y bo.

Fi fy hun ar derfynnell
yma'n erchi cynnig gwell.
Os yw'r byd i gyd ar gau,
fy hun, deisyfaf innau
gynnig amgen nag ymgom
co.uk a .com

Aberpergwm

Os ydyw'r olaf o'r hen gostreli
yn wag o win yn yr awr o gyni,
a chamau anwel o gylch y meini
yn fud o gân lle cafwyd y gweini,
ein gwlad sy'n ei disgwyl hi o'r newydd
â'r hen lawenydd... a chorn i'w lenwi.

Branwen yn Ddeunaw Oed

Wedi'r creu daeth deheuwynt
â mesen o goeden gynt,
a rhoi wnaeth ein daear ni
un Franwen mor frau inni.
Trwy ei rym, y tir a roes
i Franwen fore einioes.

Deunaw oed ydyw'r goeden,
deunaw oed, a hyn o wên
yn bur, fel haul y bore
dros y tir yn llenwi'r lle.
Mae deunaw haen amdani,
deunaw haen ei doniau hi.

Ei rhodd a ddaw i'r pridd hen
yn dalent trwy bob deilen,
drwy roi'n ôl i'n daear ni
yr hyn a geir ohoni:
Y mae yn aeddfed mwyach
y Franwen o'r fesen fach.

Colled

Pa hiraeth nad yw'n para yn lloerig
trwy'r holl oriau dua'?
Yr un yw sêr nos o ha'
â sêr ar nos o eira.

Perchennog Teledu Lloeren

Â'r lloeren at dalcen y tŷ heddiw,
hwn fydd eto 'fory
yn swrth gan y cyfoeth sy',
ac yn dlawd gan deledu.

Cyffur

Ar ôl chwistrellu'r ola' yn fwyniant
oddi fewn i'w guddfa,
draw i'r byd yn fud fe â
eisoes i chwilio'r nesa'.

O Ben y Frenni Fawr
*(Magwyd teulu fy nhad ar fferm Shiral,
o fewn pellter llygad i'r copa)*

Uwchlaw llonyddwch y wlad, synhwyrais,
mi welais am eiliad
fenyw hardd, mam-gu fy nhad
rywle'n Shiral yn siarad.

Dychwelyd Llythyr Pennal

Aeth ar daith, dy lythyr di, o Bennal
heb un i'w drysori,
ond i'r ddalen eleni
mae 'na le'n fy Mhennal i.

Effaith y Tŷ Gwydr

Mae Mehefin Llanwinio yn boethach
nag Ibiza a Chairo,
Magaluf yw Cwm y Glo
a New Delhi Llandeilo!

Ger Maes Gwenllian, Cydweli

Fe gofiaf am ddwy gyflafan yr hil,
dwy farwolaeth syfrdan,
ac erys pob llys, pob llan,
yn llai o ddwy Wenllian.

Nant y Fall, Yr Andes, Patagonia

(Camyngenir 'y Fall' gan rai nes eu bod yn credu mai'r Saesneg am raeadr ydyw. Mae rhai o'r brodorion Cymraeg yn dal i'w ynganu'n gywir)

Yn ferw rydd oddi fry o'r un hafn
daw'r nant i daranu;
na, nid disgyn ond tasgu
wna'r hen ddŵr i uffern ddu.

Cwm Cych

Lle unwaith bu Pwyll yno yn hela,
fe ddeil yn yr henfro
goedwig sy'n para i gydio'n
y tir dan aceri'r co'.

Ffôn Symudol

Er cyrchu'r noson dduaf ar y lôn,
mae rhyw lais a glywaf
yn y car yn dweud y caf
y cyswllt pan y'i ceisiaf.

Gweld Bangor o Fiwmares

Mae mynydd, ac mae Menai'n
hwyr o haf, a'r dydd ar drai.
Coed y Garth sy'n codi gwên
a'u lliwiau'n febyd llawen,
a gwylanod yn glanio
ar Borth Penrhyn er cyn co'.

Ni wela' i'r un graith las
na'r staen sy'n croesi dinas
yn bla'r archfarchnadoedd blêr,
na'r baw sydd ar ei bier,
ni wela' i chwaith ôl y chwyn
yn dweud eu dweud… ond wedyn

mae mynydd, ac mae Menai'n
hwyr o haf, a'r dydd ar drai.
Tra byddo dydd, tra bydd dŵr,
bydd llawenydd yn llanw'r
môr gerllaw Bangor, a bydd
Menai wrth droed y mynydd.

Menter Iaith Myrddin

Plannwyd derwen eleni,
derwen wâr i'n daear ni.
Sŵn ein hiaith yw'r fesen hon,
sŵn hiraeth a sŵn wyrion.
Parchwn hi wrth inni'i hau
i'n gweryd, ein tir gorau;
daear a wnaed gan Dywi,
a chan wefr ei chanu hi,
a boed o'i llif iddi faeth,
yn dderwen ym mhridd hiraeth.
Boed i'w dail gael bywyd iach,
arni boed bôn cadarnach,
a boed trydar adar iau
yng nghanol ei changhennau.
Un yw'r Fenter â'r dderwen,
ac i'r ddwy mae gwreiddiau hen,
a hwy'r dail sy'n cario'r dydd
gan awel y gân newydd.
Boed ein trydar a'n cariad
yn y pren, ac er parhad
ein hiaith parhawn i weithio,
para i ddyfrhau pridd y fro.

Llythyr at Rieni

Annwyl Rieni,

    Sylwais
yn syth ar ôl yr Ŵyl
fod Rhagfyr arall wedi mynd
a chithau'n ddrwg eich hwyl.

Bob blwyddyn pan fo'r Dolig
o fewn rhyw fis neu ddau,
mae'ch 'mynedd chi yn mynd yn llai
a'r cwyno yn dwysáu.

Rhyw *dips* sydd geni i'w cynnig
os ŷnt o unrhyw iws,
rhag ichi eto fel o'r blaen
bwdu a chwythu ffiws.

Cerwch i'r gwely'n gynnar
da chi'n lle blino'n llwyr:
'di Santa ddim yn dod i weld
y rhai sy'n effro'n hwyr.

I g'nesu'i galon wedyn
rhowch beth o'ch sieri chi;
rhowch hosan ar eich gwely,
mae'n gweithio'n iawn i mi.

Os ydan ni, blant bychain,
yn eich gyrru'n llwyr o'ch co'
fe dalai i chi gofio
mai plentyn ydoedd O.

Fe allai y Nadolig
roi'r un mwynhad i chi,
pe byddech yn aeddfedu
i fod yn blant fel ni.

'Sdim isio gwylltio'n gacwn,
na threulio'r Ŵyl fel sant,
dim ond rhyw joch o gomon sens.
Yn gywir iawn,

Eich Plant.

Parhad

Rhannu fy iaith â'r un fach
fu allwedd ein cyfeillach;
agor dôr i wlad o iaith,
i'r rhin sy'n un â'r heniaith.

Rhoddaf yn drysor iddi
hen lais fy ngorffennol i,
hynny o'r iaith sydd ar ôl,
Dyfedeg ei dyfodol.

Rhoi i hon barhad yr hil,
ei roddi er mor eiddil,
cyn bod poenau geiriau'r gân
yn faich ar 'sgwyddau'r fechan.

Nadolig

Mae stabal ymhob calon,
heno mae praidd ymhob bron;
ymhob dyn mae mab ei dad
heddiw'n gorwedd yn gariad;
ymhob Mair mae'r Gair yn gân
a'i baich yn geidwad bychan.

Hwnt i'r tinsel fe weli
ddydd pen-blwydd dy Arglwydd di.
O bell, daw'r doeth yn ddi-baid,
a gweli'r holl fugeiliaid
eto'n llu, a phlentyn llon
yng nghôl y côr angylion.

Tyrd o'r nos yn agosach
gyda chân i'r baban bach;
tyrd i stabal y galon,
a thyrd draw â'r alaw hon
i ninnau roi yn yr Ŵyl
hosanna i'r Iesu annwyl.

Plant

'Dyw 'nhudalen i heno
ond penodau'n cau'n y co'.
Marw wna'n hiaith ar femrwn hen,
arafed yw fy 'sgrifen;
megis crair pob gair, a'i gwedd
yn llawn o eiriau'r llynedd.

Mae 'na ddalen eleni
na fyn weld fy 'sgrifen i,
a dewch, ieuenctid y dydd,
i grynhoi'ch geiriau newydd.
Dros dawelwch, bloeddiwch, blant,
dudalennau'r dilyniant.

Lleuad

Nid oes i'w weld yng nghrud y sêr
ond llun o'r cread mewn eiliad olau,
yn olau byw, yn awel bêr.
Nid oes i'w weld yng nghrud y sêr,
yn gain ei lliw, yn gannwyll wêr,
hen ganrifoedd gwyn yr hafau.
Nid oes i'w weld yng nghrud y sêr
ond llun o'r cread mewn eiliad olau.

Nant Gwrtheyrn, Haf 1999

Â'r môr yn stond am orig, mi honnaf
glywed meinir unig,
er mai iaith sy'n chwarae mig
yn y goeden gaeëdig.

Y Cyfarwydd

Yfory, rhof i wyres ystyr ddoe,
stori dda ei hanes
a mabinogi'r neges
yn frith gof o hiraeth ges.

Cwestiwn

A ydyw llên yn dwyll o hyd? Ai gau
yw'r gân yn dy fywyd?
A fedd dy holl gelfyddyd
unrhyw gerdd sy'n wir i gyd?

Englyn ar Dorch Flodau ar Fedd Hedd Wyn

Er rhoi'r arwr i orwedd, eto fyth
wyt fyw yn ddiddiwedd,
a blodyn dy anhunedd
a dyf o hyd uwch dy fedd.

Llenni
(Vigilantes y tu allan i dŷ)

O'r fan hon, er ffurfio'n haid o wylwyr,
ni wêl y cythreuliaid
y boen sydd ymhob enaid
wrth gau'r amrannau o raid.

Cosb

O hyd, pan ddrwgweithredaf, ei gerydd
mewn un gair a deimlaf,
am mai y gosb dryma' gaf
yw'r un dwrn nad yw arnaf.

I Gynllunydd Y Taj Mahal
*(Torrwyd ei ddwylo gan yr awdurdodau
rhag iddo gynllunio adeilad gwell.)*

Â'r llaw hon a fu'n creu'r llun yn oeri'n
araf bob cyhyryn,
gweithied y meddwl wedyn
pan lonyddo dwylo dyn.

Bro Myrddin

Yn llawn o'r un llawenydd eleni
awn ymlaen, oherwydd
â'r un dysg cariwn y dydd,
torrwn ni y tir newydd.

Sgwâr y Pentref

Heddiw awn draw'n ddau neu dri yn yr haul,
yn yr un hen gwmni
i liwio'r un hen stori,
ond 'all neb ein deall ni.

Ryan Giggs

Yn sŵn y ffans yn y ffydd
ym Man. U. mae un newydd
i'w addoli'n ddiflino
a chanu i'w allu o;
ac yn llawnder y teras,
ym merw'r hwyl mae rhyw ias
newydd i bawb yn ddi-ball:
y stori fod Best arall.

Ym mron y dorf mae'r hen dôn
yn canu dros Fanceinion,
ac afiaith y dorf gyfan
yn seinio 'Giggs' yn y gân.
Wrth chwarae'i gae tua'i gôl
y mae'n ddof, mae'n ddiafol;
a wêl wyrth ei sgiliau o,
a wêl drydan pêl-droedio.

Un â'r ddawn mewn un ar ddeg,
â'r direidi i redeg
gan wibio heibio o hyd
yn ddewin uwch pêl ddiwyd,
yna'i hesgyn o'r asgell
draw i'r bocs fel neidar bell,
a phen pob amddiffynnydd
er eu dawn yn colli'r dydd.

Agor bwlch a ffugio'r bas,
yn beiriant creu embaras,
yn igam-ogam ei ôl,
yn freuddwyd, yn wefreiddiol.
Mewn eiliad mae'n anelu
ei siot, a'r gôl-geidwad sy'
ar ei liniau'n ddagreuol
wrth fynd drachefn i gefn gôl.

Mae ein holl wefr mewn un llanc,
y diofid o ifanc,
ond a fu hyd ei fywyd
yn goch trwy'i wythiennau i gyd.
I'r chwaraewr, ei fwriad
yw byw i'w glwb ac i'w wlad,
a'i roi'i hun yn arweinydd
yn sŵn ei ffans yn y ffydd.

Llaw

Rwyf finnau'n gallu estyn llaw
i gwrdd ag unrhyw un,
ac os oes pensil ynddi hi
rwy'n gallu tynnu llun.

Rwy'n gallu cydio'n dynn mewn sêt
wrth fynd ar reid mewn ffair,
a'i chodi hi i ddweud ffarwél
heb orfod siarad gair.

Rwy'n gallu canu'r nodau i gyd
ar biano, *do ray mi*.
Rwy'n gallu anfon neges fach
i ddweud, 'Fe'th garaf di'.

Rwy'n gallu cario baich fy mrawd,
a mynd i'r maes i hau,
ond 'all fy nwylo wneud dim byd
os yw fy nwrn ar gau.

Muhammad Ali
('Float like a butterfly, sting like a bee.')

I ardd sgwâr o ddawns araf y dôi'r haul,
a'i drem ar ei gryfaf,
a châi ryw iâr fach yr haf
ym Mai, drwy'r blodau mwyaf,

ei hun ar waith, ac yn rhydd, i hedeg
drwy'r breuddwydion beunydd
ar y daith, heb golli'r dydd,
na dwyno ei hadenydd.

Fel hyn, cyn ei diflaniad, y dôi hon,
dôi yno â'i phigiad
ysol i ganol y gad,
un wenynen o waniad.

Fel hyn yr âi'n ddiflino, a chaem weld
Clychau Mai yn dawnsio'n
rhydd eu cân yng ngardd y co'
drannoeth y brwydrau yno ...

'Nôl heno i'r stiwdio, doist ti, a gwyro
yn sgwâr dy wrhydri,
'nôl un waith i'n canol ni,
ac yn ôl i'r gân, Ali.

Ac yn ein mysg, yn ein mud ofynion,
fe fynnaist ddychwelyd
eto'n fwy, yn fwy na'th fyd;
ac yn fach gan afiechyd.

Erys y gerdd dros y gwynt yn gân rydd,
ond, gan raib y corwynt,
er bod dyrnau'n cau fel cynt
gwywedig o gau ydynt.

Pwy a wêl bili-pala yn yr haul
yn rhydd i chwilmanta?
Pwy a wêl aur yn mela
yn sŵn trydar ola'r ha'?

Er bod rhyw heulwen heno yn ei drem,
pan drodd yr holl gyffro
yn waedd fud, doedd ganddo fo
ddim adenydd amdano.

Telyn

Yn yr hen oes fodern hon,
dydd y newydd ganeuon,
dod â'r dôn yn drydanol
wna'r electrig rigmarôl,
ond, er gwell, mae ambell un
yn dal i ganu'r delyn.

Ac os na chlywi'r un gair
o awen yng nghyniwair
yr alaw, gwranda'r eilwaith,
ac fe glywi di dy iaith
yn ddirgel yn y delyn,
a'r tannau'n eiriau bob un.

Â dwy law'n creu'i halawon,
dawn dweud ydyw nodau hon,
ac, er gwell, mae ambell un
yn dal i ganu'r delyn,
a rhai o hyd yn parhau
i diwnio rhes o dannau.

Criw'r Mimosa 1865

Â darn o Gymru arni,
roedd un llong â'i bwrdd yn lli
yn nŵr y bae, a gwawr bell,
a Chamwy yn ei chymell,
ei dwyn hyd doriad y dydd
a'i dwyn hi i'r byd newydd.

Ond yn esgor y bore
doedd ond paith diffaith y de
i'w weled fel anialwch,
a'u holl wefr yn ddim ond llwch.
O'r wlad fach i'r wladfa hon
ac i baith eu gobeithion.

Boed i hon, afon fy iaith,
hawlio ei chwrs yr eilwaith.
Boed i'r afon hon o hyd
lifo'n ddiatal hefyd
bob cam i Ddyffryn Camwy
â'i dyfrhad i'w 'fory hwy.

Dyn Eira

Nid myfi fu'n ei frifo, ond eiliad
o haul fu'n disgleirio,
a rywfodd fe waedodd o
i'r pen, bob drop ohono.

Heddiw daeth salwch iddo, yn araf
daeth tymheredd arno,
ac o dan ei lygad o
yr haul sy'n dechrau wylo.

Daeth hindda i'r eira hwyrol i'w loywi
a'i ddileu yn hollol,
ond trwy'r nos yn arhosol
roedd yn yr ardd wyn ar ôl.

Ward y Plant

Er bod y nyrsus yma'n ffeind
yn gwenu'n glên bob un,
rwy'n edrych 'mlaen at gael mynd 'nôl
i 'nghartref i fy hun.

Er bod y plant sy'n rhannu'r boen
i gyd yn ffrindiau da,
dwi eisiau bod ymhell o'r ward
yn chwarae pan ddaw'r ha'.

Mae heno'n gur, mae'r nos yn hir,
ac er bod 'fory'n bell,
mae angen weithiau bod yn sâl
er mwyn cael dod yn well.

Cyfarchiad i T. Llew Jones yn 80

Ar ben-blwydd y penblwyddi
dod yn awr ynghyd wnawn ni
i urddo un â stori dda,
ef yw ei stori fwya'.
Hwn yw Llew'r siacedi llwch,
hwn â'i enw'n ddiddanwch.

Bu rhyw Lywelyn unwaith
ar ei faes mewn brwydr faith,
Llyw Olaf ein holl alar
a llyw ola'i Walia wâr,
yn rhoi'i oes i'w Gymru'i hun,
rhoi'i waed i'w Gymru wedyn.

Yn awr, Llewelyn arall
heddiw â'i barch sy'n ddi-ball.
Hwn yw'r gair a roed ar goedd,
hwn yw llais yr holl oesoedd,
un llyw newydd llawn awen
ac un Llewelyn ein llên.

Arian Ewro

Yn awr, nid hiraethu wnaf yma byth
am y bunt, cans mynnaf
os mai ceiniog Ewro gaf
yr un arian a wariaf.

Y Cei

Am ennyd mae hi yno yn y gwynt,
a'i gwallt yn chwyrlïo
ar y cei, nes tyr y co'
yn yr ewyn yn Rio.

Unigolyn
(Rhwng Bera Bach a'r Garnedd Uchaf, Awst 1999)

Gwyddost, ar yr unigeddau, mai un
â'r mynydd wyt tithau,
fry ar ei war wyt mor frau,
rhan eiddil o'r Carneddau.

Priodas

Dau ydym a fu'n dwedyd law-yn-llaw
ein llwon, f'anwylyd;
yn y gwnaf mae'n haf o hyd,
yn y gwnaf mae'n gwên hefyd.

Beddargraff Canrif

Gan gased holl weithredoedd y wreigan,
gan mor wag ei gwerthoedd,
pa wir a gerfir ar goedd
heblaw naddu'r blynyddoedd?

I Rachel
(Ceidwad y Flodeuged yn Llanelli 2000)

Blodeuo i'n hudo ni wna dy wedd,
dy iaith sy'n ein llonni,
ac â'th wên, daeth eleni
flodau Awst i'th afael di.

Ymson Un o'r Doethion

Er pryder yn nyfnder nos, er amau
ac er tramwy beunos
dros dir yr hirymaros,
rwy'n dal i weld seren dlos.

Pengwern

Er i'w byd oeri i ben, tra bo cof,
tra bo cerdd i'w darllen
daw Heledd o'r dudalen
adre i fyw'n y Dref Wen.

Canhwyllau Pen-blwydd

Dôi'r lluoedd pan nad oedd ond un neu ddwy
ond ni ddoent, er gofyn,
ati i oedi wedyn
a hithau ganhwyllau'n hŷn.

Plentyndod

Yn dy wedd, â'r Ŵyl yn dod, fe welaf
olau, ac am gyfnod
cei, 'run bach, Siôn Corn yn bod,
a chei ddal sach ddiwaelod.

Nadolig y Stryd Fawr

Â'r stryd yn rhes o drydan,
yn llawn gŵyl, a'r lliwiau'n gân,
fe ddown ni â'r babi bach
a'i feddwi'n y gyfeddach;
dod ag ef i fyd y gwin,
y nefoedd anghynefin.

Ninnau mwy yn ddoethion mân
yn rhodio at seren drydan,
awn â'r Tad i farchnadoedd
ein gŵyl, a'i watwar ar goedd;
dod â'r nef i'n daear ni,
at aur sydd ar gownteri.

Ready made yw'r stryd i mi,
stryd gyfiawn, lawn eleni
draw i'r to ydyw'r stryd hon
o drimins wedi'u rhwymo'n
y wal, ac am 'nôl eilwaith
i'r un fan am ryw gan gwaith!

Dod a wnaf â'm cerdyn i
i ganol ffair y Geni.
Hwn yw'r un heddiw a red
yn filoedd o fy waled,
ond er gofynion Ionawr,
plastig yw 'Nolig i nawr.

Sŵn clychau o diliau'n dod,
sŵn arian a sŵn Herod
yn iach ei barch uwch y byd;
a minnau yma am ennyd
yn un â'r nos, un â'r neb
sy' rhy brysur i breseb.

Ym mwynhad y dathliadau,
yng nghellwair ffair, nid coffáu
a wnawn ni ei eni O,
ni allwn ni mo'i dwyllo:
gŵyr yr Iôr nad credo'r crud
yw credo'r cardiau credyd.

Cysur

Rhyw un awr mor werthfawr yw,
awr hud o gysur ydyw,
awr i dad gael stori'r dydd
yn bennod ar obennydd;
ei geiriau'n bwyllog ara'
cyn chwifio'i dwylo nos da.

Ni ŵyr hon fod rhieni
trwy'r nos yn ei haros hi.
Amdani, cael mam dyner
a saif, fel y saif y sêr,
wastad i wylio drosti,
a chael tad i'w chlywed hi.
Yna, ei chael yn groeniach,
yn wyneb i'r bore bach;
dod gan chwifio dwylo'r dydd,
yn fore llawn lleferydd.
Rhoi, o'r nos, y bore i ni,
A thrannoeth, y wawr inni.

Cywydd Cyfarch Dic Jones

Egin gair yw'r gân i gyd,
rhyw un gair yn agoryd.
Rhoi hadau'r gair ar dir gwell
a wna'i gamau, wrth gymell
o'r ddaear y gerdd ddiwyd,
rhoi ei ddawn yn wyrdd o hyd.

Ac o'i enaid, egino
a wnaeth hadau'i eiriau o,
un ydyw cân tyfiant ŷd
â thyfiant yr iaith hefyd,
a rhoddwyd i wareiddiad
fwrdd o wledd gan fardd ei wlad.

Hyd erwau llên daeth drwy'r llwch
ddyn a welodd ddoniolwch,
a all wau cerddi'n llawen,
un â'i grefft a grea wên
wrth roi cân i drwstan dro
a cherdd i'r sawl a chwarddo.

Rhydd ei wên mewn barddoniaeth
a rhoi cic mewn cerddi caeth.
O'u geiriau oll fe gei rin
a chei werthoedd trwy chwerthin,
ond rywfodd fe welodd o
y doniolwch dan wylo.

Geiriau'n hiaith mewn deigryn hen,
gwewyr sy'n hŷn nag awen;
o'i nos drist daw rhyw ystyr
yn y gân i leddfu'i gur.
Rhanna o'i stôr nos a dydd,
gwên a gwae yn ei gywydd.

Mae'n llais i'm hanallu i,
yn siarad i'w drysori.
Uno sain gyda synnwyr
mewn un lle, a'u clymu'n llwyr,
eu huno yn gyfanwaith
a'u dwyn i fod yn fy iaith.

Tra bo theatrau bywyd,
a thra bo iaith ar y byd,
dedwyddyd a dioddef
yng ngenau ei eiriau ef
a bery o hyd ... ni fydd bro
Blaenannerch heb lên yno.

Wyt gerdd y diwylliant gwâr,
wyt heulwen ar ben talar,
wyt farddoniaeth amaethu,
wyt saer gyda'r perta' sy';
wyt â'r ddawn i'm treiddio i
â gair sydd yn rhagori.

Wyt wanwyn o haul tyner,
wyt atgo' maith, wyt gymêr;
wyt enw mawr, wyt un o'n mysg,
wyt wên hawdd, wyt ein haddysg;
wyt frenin a gwerinwr,
y doniau i gyd yn un gŵr.

Wyt y gallu, wyt gellwair,
wyt chwerthin gwerin y gair;
wyt wers yn fy mhrifiant i,
wyt oludog i'm tlodi;
wyt fy awen, wyt fywyd,
wyt Bethe'r Hendre o hyd.

Blino ar yr Ŵyl

Mae'r sêr yr un mor llachar,
mae'r eira'r un mor wyn,
ac ers cyn co', yr un yw'r wawr
ddaw'n olau gyda hyn.

Fe ddathlwn yr un neges
â'r hen fugeiliaid gynt,
a chyrchu yr un stabal
â Geni yn y gwynt.

Fe ganwn unwaith eto
am roddi Mab i'r byd,
fe blygwn â'r canrifoedd
yn eiddgar wrth y crud.

Ond wedyn, pan ddaw'r Ystwyll,
a'r Ŵyl ond atgof pell,
ni wnawn eleni, fel o'r blaen,
ond chwilio am stori well.

I Rhiannon Evans
(gwraig Gwynfor Evans)

Trwy ddolur neu drwy seguryd, ac oes
o esgusion enbyd,
y mae gardd ynom i gyd
heb ei hau yn ein bywyd.

Ond er hyn daw arweinydd, un fel hon
yn ddiflino beunydd,
i hau, bob blwyddyn newydd,
y darn o dir yn ei dydd.

Ni raid gofyn ond unwaith iddi hi
o hyd, cyn dod afiaith
y Rhiannon hon ar waith,
yn Rhiannon i'r heniaith.

Fe fu yn gefn i ni i gyd i'r eithaf
trwy waith ei hanwylyd;
bu hon yn rhoi bob ennyd
i deulu Cymru cyhyd.

Trwy yr hwyl a'r treialon, er i glais
hagru'i gwlad yn gyson,
ac er y gad, gwraig yw hon
na chilia o'i gorchwylion.

Yn iach yn ôl daw'n chwyn ni yma byth;
gwyddom bawb am erddi
a dagwyd trwy'n diogi,
ond gwyrdd o hyd ei gardd hi.

Ei haeddiant roddwn heddiw, a'i roi oll
i wraig mor unigryw,
rhyw un wên mor gadarn yw,
gardd o hyd mewn gwyrdd ydyw.

Dydd Iau, Medi 18, 1997

(Ar Ddydd Gŵyl Ddewi 1979 fe wrthododd y Cymry Gynulliad. Ddydd Iau, Medi 18, 1997, cynhaliwyd refferendwm arall. Fe gaewyd Ysgol Feithrin Pencader, Sir Gaerfyrddin, am y diwrnod a throi'r lle yn orsaf bleidleisio. Fe gwynodd Siwan, fy merch deirblwydd, ei bod hi wedi cael diwrnod diflas iawn heb yr ysgol feithrin.)

Un Dydd Iau dywedodd hi
yn deiroed hyn o stori:
dweud yr oedd stori o wae
na châi aros i chwarae'n
siriol yn ei hysgol hi:
mae ei heddiw'n siom iddi,
fod un man iddi'n anwel,
yn llawr i'r bwth yn lle'r bêl.
Anwel oedd ei phwll peli,
a mud oedd ei gemau hi.
Roedd dicter i'w lleferydd,
gweiddi dig ddiwedd y dydd.
Er yr holl lais, byr yw lled
dy dymer, yr hen damed!
Od yw dydd gweld d'ysgol di
yno'n fud, a hi'n Fedi.
Un neuadd wag heddiw oedd,
tawedog ddi-blant ydoedd
y Dydd Iau diddiwedd hwn,
ond un dydd pryd nad oeddwn
innau, dy Dad, yn poeni
lawer am dy dymer di.
Yno'r es am un rheswm,
drwy'r iard, a 'nghalon fel drwm;
mynd i'r lle gyda neges,
mynd i ddweud fy nweud a wnes
am eiliad ym Mhencader,

ar daith lawn gobaith, ac er
nad ond dalen wen yw hi
hwn yw'r diwrnod 'rhoed arni
un groes o waedd, un groes sy'n
llaw fer i'm holl yfory.
Un Dydd Iau, a dau ddewis,
heddiw 'Na' f'ai suddo'n is
na dweud 'Na' i'n bywyd ni,
dweud 'ie' a wnâi Dewi.
Wyddost ti ddewis dy Dad?
A wyddost y bydd dyddiad
y deunawfed o Fedi
un dydd yn dy gynnal di?
Mae'n y croesau leisiau'r wlad,
sŵn y siroedd sy'n siarad,
yn llawn hyder, oherwydd
wyt Gymraes, wyt Gymru rydd.
Cei fynd 'nôl i d'ysgol di,
yn ôl at dy bwll peli
a pharhau â'r gemau i gyd
fel ddoe yn ddyfal ddiwyd,
heb wybod dy fod, 'run fach,
yn ôl yn gymaint elwach.

Hoelen
Parhau a wna d'eiriau Di i'n cyrraedd
mewn cariad eleni
oherwydd dy dosturi
at yr un a'i trawai hi.

Gwisg
(Mae gwyddonwyr yn ddiweddar wedi profi annilysrwydd amdo Turin, un o iconau'r ffydd Gatholig)
Gyd-bererin, gan inni hoelio'n cred
ar lun Crist yn gwelwi:
Turin hardd ein seintwar ni
yw Turin ein trueni.

Mam
(Wedi gweld llofrudd ei mab yn dod allan o garchar y Maze)
Yr haul a wenai'n greulon, dweud ei ddweud
ydoedd un, heb gyffion,
ond oes o ddedfryd i hon
ydyw clywed y cloeon.

Llythyr Pennal
Trwy hanes, ein neges ni a rennir,
fe'i rhennir eleni,
ac i'r nos fe'i gyrrwn hi
o Bennal ein trybini.

Gardd Gethsemane
Seintwar o leuad arian yn ei le
yn goleuo'r cyfan,
ac ymysg y brigau mân
oedd negesydd un gusan.

Solfach

Yn fynych clywaf yno fy hiraeth
fel hen fôr yn taro
ar y lan hwyrol honno,
a sŵn cei'n dawnsio'n y co'.

Cors

Yno'n fud mae'r afon fach yn esgus
bod ynghwsg rhwng deiliach,
nes daw'r lli ohoni'n iach
i greu afon sy'n gryfach.

Enlli

Er dyheu am wawrio'r dydd y deuwn
at y diwedd beunydd
ar y ffordd, daeth pen draw'r ffydd
i 'mhoeni yn Uwchmynydd.

Cestyll Cymru

Hen ofid y gyflafan yno ddeil
tra bydd waliau Rhuddlan
o liw'r gwaed, ond alaw'r gân
a ddeil tra Dolwyddelan.

Epigramau

Mae'r fflam sy'n llosgi amser
yn lleihau fel cannwyll wêr.

Nid yw cyfrinach y doeth
i'w rhannu gyda'r annoeth.

Y mae iaith fy esmwythyd
yn iaith fy mhoenau o hyd.

Ni ddaw eiliad i ddeilen
na ddaw hi ohoni'n hen.

Cryf o hyd yw'r criw a fo'n
rhwyfo i fyny'r afon.

Lle bo galar yn aros,
para'n hir wna lampau'r nos.

Nid gweld ffacs ond galwad ffôn
ydyw galwad y galon.

A gyrhaeddo ei gwreiddyn
a gwyd i'w dail gyda hyn.

I Anti Dilys
(Yn 80 oed)

Daeth pen-blwydd mwya'r flwyddyn
i'w flas, a dathlwn fel un,
dathlu'i gwên eto eleni,
dathlu'i hoed â'i theulu hi,
Ac yn gywir, o'i gwirfodd,
fe fu'n rhoi heb ofyn rhodd
ei hun gan undyn yn ôl,
ein henaid anhunanol.

Sŵn yr iaith o'i Phlas yn Rhos
yn awr a ddeil i aros
yn dôn gyn gliried â'r dydd
ynom ni yma'n newydd.
Rhown ddiolch nawr yn ddiwyd
am iddi hi roi o hyd,
ei rhoi'i hun i'w rhieni,
rhoi hyn oll, a'i roi i ni.

Canrif

Mae llwybrau'r nos yn olau,
a siarad mân yn dorf
yn gwau eu geiriau'n fwrlwm tua'r sŵn.
Un gymanfa feddwol
o chwerthin a chân,
y gân sy'n fwy na phedwar llais.
Mae'r drysau'n agored led y pen
a'r mwg yn enfys o groeso.

Ac i mewn trwy ddrysau cefn o dywyllwch
daw gŵr diwyneb
a'i gap yn cuddio'i olwg rhag y nos.
Dyma artist trist yr hwyr,
yn barod i greu â'i gân,
a rhoi ei gyfan oll
ym melodïau'r tannau.

Unig yw'r llwyfan heno,
a llafn o olau gwyn
yn llifoleuo'i fyd.
Dyma nodau'r nos yn sgwrsio,
ond does neb yn gwrando.
Mae'r nodau'n gywir
ond nid yw nodau'n ddigon.

A phan ddaw'r awr
i dynnu'r llen,
a'r artist trist
yn llusgo'i draed hyd gwr y llwyfan,
does neb yn edrych
am fod y wawr yn agos,
am fod anfarwoldeb
yn dragwyddol.

Bois y Cestyll
(Mae tri chastell yn ardal Llandeilo a fu'n gadarnle i'r Cymry dros y canrifoedd)

Yn Ninefwr hynafol
yr Arglwydd Rhys, erys ôl
cannoedd o frwydrau cynnar
yn gaerau gynt ar graig wâr,
yn gaerau heirdd lle bu gwres
a meini lle bu mynwes.

Hon yw cân Carreg Cennen,
a mawrhad y muriau hen;
ond mwy na dim ond meini
i ninnau dy waliau di,
mwy na cherrig unigol
yw'r rhai sydd eto ar ôl.

Dryslwyn yr hen gymwynas
sy'n fwy na'r Dryslwyn, mae'n dras,
mae'n arf rydd, mae'n wŷr ar fryn,
a ni'n dal yn eu dilyn,
fesul cam eto'n tramwy
i godi arf gyda hwy.

Ar y maes i drwsio'r mur
mae, eilwaith, angen milwyr;
mae angen gwŷr eleni
i roi'n ôl ein tir i ni,
y gwŷr dan ddraig a erys
heddiw'n rhan o fyddin Rhys.

Elfed Lewys
(*Roedd Elfed Lewys yn aelod o ddosbarth cynghanedd Caerfyrddin. Darllenwyd y cywydd hwn yn y dosbarth noson cyn yr angladd.*)

Ar Nos Fercher arferol
yn y *Queens*, yr oedd llond côl
o chwerthin iach wrth i ni
am ddwy awr ymddiddori:
rhannu geiryn ag arall
a rhoi'n llên gerbron y llall.
Tua'r hwyl yr aem bob tro
a doniau Elfed yno:
canmol a wnâi'r meidrolyn
bob gwaith ond ei waith ei hun.

Mae'n nos Fercher arferol
hyd y lôn, a stryd o lol
mewn anwybod yn codi
eu c'lonnau hwy i'n clyw ni,
ond o fewn ein huned fach
hen hiraeth a'i try'n oerach,
ni welan nhw'n gwagle ni
na rhannu'n holl drueni.
Wedi mynd y mae ei wên,
y lliw a'r chwerthin llawen.
Yma'n awr mae'r cwmni iach
un dolur yn dawelach;
tawelach, a ni'r teulu'n
wacach, yn wacach o un,
un yn llai yma'n y lle
o raid, un llai'n y Strade,
un yn llai i fwynhau llên,
i agor Cân y Blygien,
un dewr o hyd yn y drin,
un yn llai'n y Gorllewin.
Daw'r alwad yn wastadol
am glywed Elfed yn ôl,

un a fu ddeddf iddo'i hun
y gwylaidd unigolyn.
Bonheddwr werinwr oedd,
baledwr y bobl ydoedd,
hwn, gyfaill ac atgofion
ym mhob plwy o Fynwy i Fôn.
Pan ganai faled wedyn,
baled oedd Elfed ei hun,
a'r gân mor wâr ac uniaith
drwy ei fod, yn stori faith.
 ninnau i gyd mewn un gell
nid wyf yn gweld y stafell
yn llawn, mae hi'n stafell wag
heb un, a pha beth bynnag
ddwedwn ni, ni ddoi di'n ôl
i'r yfory arferol.
Ond, yn nwysedd ein gweddi
i'w gael yn ôl, fe glywn ni
Elfed yn cerdded trwy'r co'
atom i'r dosbarth eto.

Marchnad
*(Oherwydd y farchnad rydd, mae plant yn y trydydd
byd yn gorfod gweithio oriau lawer am arian prin.)*

Mewn rhyw hofel nas gwelaf,
ar lawr oer, a haul yr haf
yn ddiawydd o ddiwyd,
drosom ni fe weithi'n fud,
nes bod pwythau d'oriau di
yn Adidas o deidi.

Aeth o'n cof, fel pwyth yn cau,
a newyn y cwmnïau
yn dal i'w weithio fel dyn
a'i gyflogi fel hogyn.
Ond er hyn, mae 'nillad ras
yn dweud un gair, 'Adidas'.

Hwiangerdd

Si hei lwli 'mabi, mae'r golau'n mynd i ffwrdd,
Si hei lwli 'mabi, mae'r tedi ar y bwrdd,
Si hel lwli, lwli lws, cysga di fy mabi tlws,
Si hei lwli 'mabi, mae'r golau'n mynd i ffwrdd.

Si hei lwli 'mabi, paid troi y golau mlaen,
Si hei lwli 'mabi, dwi di warnio ti o'r blaen!
Si hei lwli, lwli lws, ti 'di bod ddwy waith am pŵs,
Si hei lwli 'mabi, mae dy dad dan ddiawl o straen.

Si hei lwli 'mabi, paid crio nerth dy ben,
Si hei lwli 'mabi, bydd ddistaw, nefoedd wen.
Si hei lwli, lwli lws, dwi am fynd a chau y drws,
Si hei lwli 'mabi, *I'll start to count to ten!*

Si hei lwli 'mabi, paid â bwrw 'nhalcen i,
Si hei lwli 'mabi, mae'n hanner awr 'di tri,
Si hei lwli, uffar dân, ti fod i gysgu wrth glywed y gân!
Si hei lwli 'mabi, ond dwi'n dal i'th garu di.

Cytundeb

Er didwylledd fy ngweddi ar awr ddu,
a'r addewid iti,
yng ngwawr yr haul mae 'ngair i
yn air sy'n cael ei dorri.

Un Nos Ola Leuad

Mae'n aros am un noson i'w leuad
lywio ei atgofion:
y lleddf yn gymysg â'r llon
a'r gwâr yn un â'r gwirion.

Ffynnon

A'r haul yn danbaid greulon yn eithaf
y diffeithwch estron,
na wyra di, fe ddaw'r don
a dardd i greu dy werddon.

Tâl

A'i hawydd am weld rhywun, yn ei gwên
fe ddisgynnodd deigryn
pan ddaeth merch at ei herchwyn
i droi'n fam i'w mam ei hun.

Etholiad 1992

Yn y mur gyda Meirion, yn y drin
yn driw i Gaernarfon,
ar y maes wrth ochor Môn
diogel yw Ceredigion.

Ceri Wyn Jones
(Ar ennill Cadair yr Urdd, 1992)

Yn y diwedd, distewi a wnaethom
a'n hiaith fel pe'n rhewi,
ond drwy'r dwyster daeth Ceri
i grynhoi'n holl grio ni.

Ci Lladd Defaid
(Y ci'n cyfarch y ffermwr)

Ar alwad fe'm rheoli yn dy waith
drwy'r dydd, ond ni chlywi
draw o'r rhos ar ôl nosi
alwad hŷn na'th alwad di.

Cawod

Pan welaf y ffurfafen yn wylo
yng ngolau y fellten
a'r holl law yn rhwygo'r llen,
o'u hôl fe welaf heulwen.

Kate Roberts

Yn ei chur nid yw'n chwerwi; er y boen
mae'r byw yn goroesi,
ac mae'i hardal anial hi
yn glydwch o galedi.

Idris Reynolds
*'Mae yr heth dros gwm a rhos
a'r hen eira yn aros.' Y Daith 1989*

Er i'r llwydrew ein rhewi i'r eithaf,
a'r iaith yn dihoeni,
yn heulwen dy awen di
y mae'r hil yn meirioli.

Graham Henry
(Hyfforddwr Tîm Rygbi Cymru)

Dod yn ail ar hyd y nos
yn rhy hir, para i aros
am un a wnaem, un â'i ôl
yn y rhesi'n arhosol.
Yma'n awr daeth atom ni
dalent i ysbrydoli.
Deil o hyd ei ysbryd o,
a deil y curo dwylo
ymhen oes am un a wnaeth
galon yn fuddugoliaeth.

Twyllo Mam

Dwi'n mynd i esgus cysgu 'mlaen
er bod fy mam yn gweiddi;
dwi'n mynd i esgus bod dan straen
a bod fy mhen yn hollti.

Dwi'n mynd i ddweud fod pwysau'r gwaed
yn uwch ac uwch bob munud,
a bod 'na boen o 'mhen i'm traed
fel nad wy'n gallu symud.

Dwi'n mynd i 'nôl y lliain gwyn
a'i roi mewn dŵr berwedig,
a'i osod ar fy mhen fan hyn
nes 'mod i'n goch drybeilig.

Dwi'n mynd i ddweud yn ddistaw bach
"Ga' i aros yn fy ngwely?
Dwi ddim yn teimlo'n hollol iach,
ga' i aros mewn tan 'fory?"

Ond beth fu'r iws? Mi wn na chawn
ei thwyllo â'm holl stranciau;
fe daerai Mam fy mod yn iawn
hyd 'n oed ar wely angau.

Jonathan Davies
(Chwaraeodd i dîm Prydain yn erbyn Awstralia)

Es i i Wembley un ha'
i weled gwŷr Awstralia
yn erbyn un Cymro iach,
un glew nad oes mo'i gloiach.
Hwn yw'r llanc a chawr y lle
gan nad oedd gan y deuddeg
arall ddim clem am chwarae,
na rhoi cwrs i lawr y cae.
Ar waith yn y frwydr hon
a oes eisiau'r holl Saeson
gyda thi'n croesi'r llinell
gan wneud gwaith sy' ganwaith gwell.
Dim ond bwlch, un bwlch, a bu
yno'i dân wedi hynny,
a dim Sais o'i dîm o sêr
yn hedeg â'r un hyder.
Rhwygo trwy bump ar hugain
o'r lleill wrth greu ar y llain,
dau dîm yn ymgodymu'n
rhy galed wrth weled un
o Gymru'n mynd ei hunan
i sgorio cais, i greu cân.
Doedd ond un, ond un o'r haid
yn rheoli'r Awstraliaid,
o fewn ei gae'n fwy na gŵr,
y dyn nad yw'n Brydeiniwr,
ac yn rhyfel y gelyn
erys ei goch trwy'r crys gwyn.

Garddio

Y gŵr a arddo'r gweryd
a heuo faes, gwyn ei fyd?
Bolycs! Os ydwyt balwr
onid wyt yn drist o ŵr?
Mudo ar ras am y dre
yw y syniad ges inne,
a dod o raid wnes i drin
un o erddi Caerfyrddin.

Mi weles ardd drws nesa'
llawn letys a phys a ffa,
a finna'n ôl yn fy nhŷ
â chwyn yn f'amgylchynu.
Rhyw lain orlawn o hirlwm
ydyw'r ardd, a'r eira'n drwm
ar fy llain, ac ar fy llw
barrug a phiso bwrw!

Roedd yr haul dros ardd y rôg,
y Medwyn o gymydog.
Ei bwys o fylbs yw ei fyd
a'i fower yw ei fywyd.
Swyn hwn yw weiars a nets,
hwn yw prifardd y prifets!
Bowering y tybiau hirach
a Thrower y border bach.

Rhyw ardd ir a ddaw o'i waith,
daw, o gompost, ei gampwaith.
Rhyw ardd o wyrth yw'r ardd hon
yn agor gan blanhigion.
Ni ŵyr chwyn ei pherchennog,
cânt well bridfa gyda'r Gòg.
Yma mae chwyn mwy na mall,
y rhai ysgafn yw'r ysgall!
Mawredd, mae i'r mieri
wraidd o ddur yn fy ngardd i.

Â'r chwyn obry yn lluoedd,
B&Q o banic oedd.
Yno i'r siop yr es i
i fygwth ymarfogi.
Gweld hadau, a llyfrau'n llu
o lunia' sut i'w plannu;
rhaid o hyd siarad eu hiaith,
plannu neges planhigiaith!

Manage your veg with free verse,
Begonia for beginners.

Fe blennais bysyn unwaith –
oedd, yn wir, roedd hynny'n waith
ynddo'i hun, rhyw bysyn bach,
un crwn a gwyrdd, un croeniach.
Er hired, garwed y gwaith,
ni welais mo'r pys eilwaith,
rhyw bysyn di-ddweud, unig
heb erioed gyrraedd y brig.
Gwneud *sod ôl* ond bodoli;
mae yno'n awr am wn i!

Fy rhaw o hyd, ofer yw
a 'nhŷ gwydyr, gwag ydyw,
a dim iot o domatos
ynddo yn awr ddydd na nos.
Mwy na mŵg o law mewn mis
a'n lawnt sydd fel Atlantis,
mae 'di darfod ar flodyn
ond iach o hyd yw y chwyn.

Y mae adar yn mudo
draw o Hawaii i'w dir o,
ond maent yn gwrthod codi
o Blwmp at fy rwbel i,
'run fwyalchen, 'run wennol
na'r un tit yn awr yn 'tôl.

Rhyw chwarter acer yw hi,
anfadwaith dirifedi
o fethiant, nid gardd fythwyrdd
yw'n un i, ond byth yn wyrdd.
Ond rhag dodwy mwy o'r *mess*,
mewn dwy awr minnau dorres
yn ddi-feth bopeth, nes bo
fflamau yn dod o'r Flymo.

Na, nid lladd gwair, ond lladd gardd
a wnaeth ynfyd fethianfardd.
Y gŵr a arddo'r gweryd
a heuo *fess*, gwyn ei fyd!

Yn y Nyth

Mewn nyth ar ben y gangen
neithiwr wrth ddrws y tŷ
roedd yno gywion melyn
yn canu oddi fry.

Ar gangen arall wedyn
eisteddai gwiwer lwyd
yn edrych ar y cywion,
yn disgwyl am eu bwyd.

Ond gyda'r wawr rwy'n sylwi
ar blisgyn ar y llawr,
y wiwer wedi rhedeg
a'r nyth yn wag yn awr.

Maddau i Ni ein Dyledion
(Dyled y Trydydd Byd)

O ddrws i ddrws, heddiw'r un
ydyw'r gofid, a'r gofyn:
yn yr amlen wen o waedd
rho dy gariad i gyrraedd
yn gae o rawn ac o wres,
yn geiniogau o neges.
Ninnau arwyr, ni werin,
rhown ein pres, ein harian prin,
a rhown, er mwyn lleddfu'r iau,
amlenni ein miliynau,
nes bod fy nghydwybod i'n
galennig o haelioni.

Ond o'r geiniog gefnogol
cawn ninnau geiniogau'n ôl.
Hawliwn ni'r amlenni hyn
o hyd, a'u hagor wedyn.
Eu hawlio nes bod dalen
cyfri banc eu haf ar ben.
Ni wnawn ond dwyn, dwyn y dydd,
a dwyn golud ein gilydd
a gwyrth o g'lennig a aeth,
yn g'lennig o elyniaeth.

Myfyrdod Wrth Droi 30...
(...a'r wraig yn darganfod bod gwallt fy mhen yn dechrau gwynnu!)

Mae pob un sy'n hŷn na ni
erioed yn henoed inni,
ac yn awr, i'r egin iau,
henoed yn wir ŷm ninnau.
Iddynt hwy, nid ŷm mwyach
wedi bod yn hadau bach;

ac aeth ein cenhedlaeth ni
yn rhy hen ... yn rhieni!
Y rhai sydd â'u hoes ar ôl
o bawb yn troi'n hen bobol.

Un blewyn gwyn, dyna i gyd,
a welodd fy anwylyd.
Hi sylwodd ar fy salwch
o draw rhwng y du yn drwch.

Un blewyn gwyn, dyna i gyd:
roedd y siom mor ddisymud,
yn gân o wawd ac yn haint,
a hyn, i mi, oedd henaint.

Un blewyn gwyn, dyna i gyd,
fu iau mwyaf fy mywyd;
bydd un yn ddau a'r ddau'n ddeg,
a channoedd, ac ychwaneg
ar ras, a chyn fawr o dro'r
bradwyr a fydd yn bridio!
Bydd mwy a mwy yn y man
yn greisis hwnt i'r *Grecian*.

Daeth amser i bryderu
gan na ddaw y gwyn yn ddu
fel y'm ganed, ond wedyn
ai drwg i gyd ydyw'r gwyn?
A oes ots pa liwiau sydd
ym mhinacl yr ymennydd?

Yn fy henaint rwyf finnau
eto'n un â'r crwtyn iau:
i ieuengoed henoed wyf
ac i 'nhad bachgen ydwyf.

Rhieni Hedd Wyn

Heno 'does un ohonynt a erys
i'r hiraeth ddod atynt
yn dawel o'r deheuwynt
i geisio cân megis cynt.

Dafydd ap Gwilym

Tra bo dau bydd geiriau'r gŵr, tra bo merch
tra bo mab yn garwr,
tra bo amser, bydd clerwr,
tra bo dydd, bydd trwbadŵr.

Sant Paul

A wêl, mewn rhan o eiliad, olau ffydd,
a wêl ffordd y Cariad;
a wêl agor ei lygad
i weld haul, a wêl y Tad.

Waldo Williams

Daw i gof fod gwlad gyfan yn deulu,
yn frawdoliaeth lydan,
dod i gof am fod ei gân
yn fy enaid fy hunan.

Siom

Yn y pridd, wrth ffurfio'r pren, dyhëwn
fy mod i yn dderwen;
wyf mwy yn plygu fy mhen,
plygu wna pob helygen.

'Mi a'ch gwnaf yn bysgotwyr dynion'

Llinell hirbell yw'r harbwr, ond gwelaf
fod y gwael ei gyflwr
yn dod o ddyfnderau'r dŵr
ac i rwyd ei Greawdwr.

Kate Williams
(a gladdwyd ym mynwent Llangybi ar brynhawn heulog o Dachwedd)

Golau tu hwnt i'w gwaeledd yw'r llewyrch
ar y lle mae'n gorwedd;
mae heulwen uwchben ei bedd,
haul anochel yn Nhachwedd.

Catrin yn Dechrau yn yr Ysgol Feithrin
(Mae ei rhieni'n Ogleddwyr, ond hithau'n Ddeheuwraig!)

Yn frau ac yn foreol yr aeth un
ar ei thaith i'r ysgol
â'n hiaith ni, ond daeth yn ôl
dafodiaith ei dyfodol.

Cilmeri

Mae ôl y canrifoedd mud yn y glaw,
ac fe glywir hefyd
adlais o'r brwydro gwaedlyd
yn afon Irfon o hyd.

Cywydd Croeso
(Gŵyl Gerdd Dant Caerfyrddin a'r Cylch 2001)

Nid yw Myrddin yn blino
efo'r rhai sy'n dod i'w fro,
os dônt yn llawen eu stad
i'n gŵyl, a derbyn galwad
y dydd mewn rhythmau cerdd dant
i ymuno'n y mwyniant.

Ni fu Myrddin yn blino'n
y parthau hyn er cyn co',
â'i ddewiniaeth fe ddenwn
y sawl a fyn glywed sŵn
awen y ganrif newydd,
awen fyw y Gymru fydd.

Mae Myrddin ynom ninnau:
hyd y lan, mae'n dal i hau
ger Tywi y deri'n dal,
a'i gân yn dal i gynnal
heddiw'r rhai a ddaw â'r had
i'n gŵyl, o dderbyn galwad.

Y Gornel Dywyll

Mae gen i gornel dywyll fach
yng nghefn fy stafell wely,
dim ond y fi sy'n mynd i'r lle,
dim ond y fi sy'n gallu!

Mae'r gornel yma weithiau'n troi
yn unrhyw beth rwyf eisiau,
trwy gau fy llygaid bach yn dynn
a meddwl am y gorau.

Mae weithiau'n llong sy'n croesi'r môr
a chyrraedd traeth Awstralia,
neu weithiau'n gar yn mynd ar ras,
a fi yn dod yn gynta'.

Unwaith yr o'n i'n frenin mawr,
ac ar fy mhen roedd coron,
ac yna ro'n i'n sgorio cais
a Chymru'n curo'r Saeson.

Lle bynnag rwyf yn mynd ar daith
i'r gogledd neu i'r de,
rwy'n dod yn ôl pan glywaf Mam
yn gweiddi, 'Amser te!'

Dau Gi Bach...

Dau gi bach yn mynd i'r coed,
esgid newydd am bob troed,
mynd yn dawel, dawel megis,
gan mai'r sgidiau oedd *Hush Puppies*!

Tŷ Gwydr Llanarthne

Ar lannau Afon Tywi mae bwa enfys unlliw
sy'n taenu ei ryfeddod mewn heulwen ac mewn
dilyw.

Nid ar yr enfys arian mae lliwiau'r byd yn firi
ond maent o'r byd yn gyfan yn tyfu oddi tani,

yn derbyn rhodd o heulwen sy'n llifo trwy'r holl
wydrau,
y rhain sy'n tanio'r pŵer sy'n gyrru trwy eu
gwreiddiau.

Ar lannau Afon Tywi mae yna gylch y creu,
mae yna gân mwyalchen, mae yna hen ddyheu.

Mae yna ddôm o wydr clir
yn rholio'r tes o'r haul i'r tir.

Ar lannau Tywi
mae hau a medi.

Ar lannau Afon Tywi mae'r enfys hon am aros
i daflu ei goleuni o doriad gwawr hyd gyfnos.

Y Ddawns

I'r hen ddawns ar newydd wedd
yr awn ni yn ddiddiwedd:
dod yn gyfoed, yn gyfan
i'r un sgwâr o bedwar ban
â'n geiriau oll, yn griw iach,
yn fyddin i'r gyfeddach.

Awn, yn blant, ymlaen â bloedd
i wres yn nawns yr oesoedd,
rhannu hwyl yr awen iau,
yn gnawd i'r hen ganiadau,
ac ar dân yn nisgo'r dydd
yn un galon â'n gilydd.

Trwy'r rapio byw try pob un
bryder yn hyder wedyn.
Ni yw'r dydd a'r dedwyddyd
trwy'r nodau a'r geiriau i gyd,
ac yn y sŵn, unwn ni'n
ein hadloniant eleni.

Dod i'r oed â'n hyder iau,
dod i'r oed yn drawiadau
trwy ddawnsio'r nos a'r bore;
â'n canu ni'n llenwi'r lle
aros trwy'r nos a wnawn ni
hyd i wawr newydd dorri.

Ysgol Tryfan yn 21 Oed

Af 'nôl i Dryfan o hyd,
eto af heb fynd hefyd,
'nôl i weld ysgol o waith
am ennyd, lle bûm unwaith
yn rhygnu dysgu drwy'r dydd,
yn boen i athro beunydd.

Af yno draw yn llawen,
'nôl i weld ysgol o wên,
i ysgol o gyd-ddysgu
a'r sail gyda'r orau sy',
'nôl yn awr i'r awr pan oedd
Afallon mewn stafelloedd.

'Nôl i weld ysgol â'i hiaith
yn goron ar ragorwaith.
Ei geiriau oll oedd yn gri,
yn fynydd ac yn feini;
hon ein hiaith o obaith oedd
a chadarn o iach ydoedd.

Hon yw'r Lliwedd a feddi
a Glyder dy hyder di;
rhyw hen ddarn o Garnedd yw,
Elidir olau ydyw.
Tua'r gorwel fe'u gweli,
eu gweld oll o'th ysgol di.

Pan fo'n uwchradd ein haddysg,
Ffriddoedd yw ein ffordd i ddysg:
hogyn ddoe â'i gân a ddaeth
yn awr i leddfu'r hiraeth;
â Thryfan fel cân mewn co'
daw'r sglein drwy'r ysgol heno.

Af i Dryfan dan ganu
i ail-fyw'r holl hwyl a fu,
a chaiff fy holl ddiolch i,
y diolch na fyn dewi.
A mi yn 'fory 'mywyd
af 'nôl i Dryfan o hyd.

Gwisg Nos
*(Ymateb i lun o wisg merch â staen coch
lle byddai'r galon)*

Ferch y nos a'r lleuad arian
Pwy sy'n llunio'r wisg o sidan?

Pwy sy'n torri'n ôl y patrwm?
Pwy sy'n tynnu'r pwyth yn gwlwm?

Pwy sy'n awr yn torri'r edau
A phwy a dyr dy galon dithau?

Eglwys Gadeiriol Tyddewi

Ei ddilyn i'r addoliad a wnawn ni
yn y nos ddigariad,
a dyheu y bydd i'w Dad
ein dilyn o'r adeilad.

Mandela

Heddiw nid oes caethiwed yn y gell
i'r gŵr a fyn gerdded
heb 'run grym ond grym ei gred...
y gŵr â llaw agored.

Telyn Twm

Drwbadŵr y bywyd iach, yn dy gân
daw gwefr canys mwyach
deil yn fyw'n dy delyn fach
Afallon y gyfeillach.

Bedd Hedd Wyn Dan yr Eira
(Pilkem, Pasg 1994)

Mor frau dros yr erwau hyn yw'r heddwch
sydd ar heddiw'n disgyn,
er hynny, fesul gronyn
roedd yno hedd, roedd yn wyn.

Englyn Cydymdeimlad

Er gwahanu'n rhy gynnar, a diodde'r
dyddiau yn dy alar
cymaint o golli cymar,
ni all y cof golli câr.

Hunangofiant Alan Llwyd

Gofid oedd gweld y gwyfyn yn difa,
difa pob blodeuyn,
ond haul hwyr y teulu'i hun
roes ei wres ar y rhosyn.

Cwsg

Hunais o'm holl drybini i fwynhau
fy nos yn dy gwmni;
O! Dduw Dad, fy mreuddwyd i
yw breuddwyd heb wawr iddi.

Ar Graig Uwchben Llangrannog

Ni chlywais ond llais y lli yn rhwygo
ar greigiau Cwmtydu,
a'r môr yn dweud ei stori
mwy mewn iaith nas gwyddom ni.

Arianrhod Rhwng y Coed

Ai dod yr wyt i gadw'r oed,
i liwio cân rhwng dail y coed?

Ai dod am dro i hudo'r hwyr
tra caewn ni y llenni'n llwyr?

Ai synnu'r wyt fod sŵn y rhos
yn eos bêr yn nyfnder nos?

A wyt ar waith yn gwneud dy ran
yn cynnau golau ar y gwan?

Ac i ble'r ei? Be' wnei di'n awr,
ai gwylio gwyll i ddisgwyl gwawr?

Llanw a Thrai

Mae'n firi ac mae'n fore
fin Hydref yn y Nant,
a gwawr yn gwisgo'i gorau
heb leisiau a heb blant,
ac uwch y trai, sŵn llais y lli,
a thonnau hŷn na'i chwerthin hi.

Ymrithia'i miri hithau'n
eiliadau ac yn las,
wrth wylio ac wrth ddilyn
yr ewyn yn y ras,
a than ei haul daw chwerthin hon,
er dod i'w dal gan draed y don.

Gwynt yr Hwyr

Ti yw'r lleuad ar y gorwel
uwch y nos o awr i awr;
ti sy'n lliwio'r ffordd i'r camau
ar fy llwybyr tua'r wawr.
Ond daeth gwynt yr hwyr i'm llethu
wrth i lwybrau'r nos ddiflannu,
gan fod un cwmwl rhyngom ni.

Ti yw'r fflam sy'n llosgi'n isel
ym mhelydrau'r oriau mân,
gan fod calon imi'n gannwyll,
gan fod golau imi'n gân.
Ond hen wynt yr hwyr gusanodd
ruddiau'r fflam, ac yna'i diffodd
gan adael oerni rhyngom ni.

Ti sy'n gwasgar y goleuni
nes troi'n llaith holl iaith y lli;
ti sy'n torri'n ddarnau arian
ar hyd traeth fy hiraeth i,
wrth i wynt yr hwyr yn dawel
adael lleuad ar y gorwel
uwch llanw'r don i'n huno ni.

Y Ffawdheglwr

Un yn ceisio bodio byw
ar stryd o rwystrau ydyw,
ond ar y ffordd ceidw'r ffydd
am mai draw y mae'i drywydd.
Ac â'i gyfarch mae'r gofyn
yma'n daer am ddim ond un
gyrrwr i ddod i'w gario
at gyrchfan ei hafan o.
Dal y bawd i alw'i bas,
mynnu ond un gymwynas.
Er hyn, o draw, nid yw'r waedd
at un car eto'n cyrraedd.
Bawd 'rôl bawd o gerbydau
heddiw'n un ciw yn nacáu,
tramwy heb edrych ddwywaith,
heibio'n dorf at ben y daith.
Ceir ar ras heb wrando cri,
un rhes hir o'r gair 'sori'.
Dynion yn gweld ei wyneb
ond rywfodd ni welodd neb
ei siom nad oedd yn symud
o'i stondin ar bafin byd.

Wrth yrru, felly 'wnaf fi,
gadael heb neb i'th godi.
Wyf euog, wyf ddiog ddall
yn tyrru i'r tu arall,
heb gysur na thosturi,
heb weld ôl dy ymbil di
na'r dyheu am yrrwr da,
am yrrwr o Samaria.

Hatling y Weddw

O! Dduw, nid menyw ddiwerth ydyw hon
roes bob dim yn aberth,
gwyddost Ti fod iddi werth
a gynigiodd geiniogwerth.

Rhyfel y Malfinas

Ganwyd ym Mhatagonia un aelod
o deulu'r Mimosa
a fu'n wynebu un ha'
wn ei elyn o Walia.

Englyn yn Cynnwys Enw Llyfr o'r Beibl
(Yn ôl y sôn roedd yna streic bost undydd yn Effesus tua'r amser yr anfonodd Paul ei lythyr yno!)

Hen Effesiad affwysol ymwelodd
â'r 'Mêl Ymerodrol'
un Pasg i weld a oedd Paul
wedi postio'i Epistol!

Y Babell Lên

Ar daith bywyd, symudol ydym oll
ond y mae'n arhosol
le yn Awst i'n galw'n ôl
i lenydda'n flynyddol.

Gweddi ar Ddiwedd Diwrnod Ysgol

Ein Duw, ar ôl distewi o'n holl hwyl,
a phellhau o'r gwersi
doed oriau dy dosturi
hyd y nos i'n cadw ni.

Nos a Bore

Dweud 'Nos da' ydyw hanes dyn erioed,
ond draw mae'r pelydryn
yn brawf fod y bore'i hun
o hyd o'n blaenau wedyn.

Ysgol Gynradd Aber-soch

I bawb, lle bynnag y boch, hyn o ddysg
eich ddoe sydd amdanoch.
Erys o hyd Aber-soch
a'i hanes yn fyw ynoch.

Carchar
(Paul a Silas)

Er nos eu pryderon hwy, yn ddi-oed
pan ddaw trwy'r rhyferthwy
nerth y Ceidwad i'r adwy,
ni cheir mur i garchar mwy.

Tweli Griffiths
(Yn dathlu 20 mlynedd yn newyddiadura)

Bod yno i weld ein byd ni yn wastad
a wnest drosom, Tweli,
a'r man lle byddo'r stori
dod yno i'w dweud a wnei di.

Hud ar Ddyfed

Ofer mynd i weld Niagra
pan fo Cenarth yn nes yma.

Ofer mynd i wlad y gwin
pan fo'r hiraeth yn Nhre-fîn.

Ofer teithio tua'r Dwyrain
cyn cael awr yn Llyn Llech Owain.

Ofer hwylio'r moroedd maith
pan fo tonnau yn Nhre-saith.

Ofer mynd ymhell i grwydro
â'r Preseli heb eu dringo.

Ha' Bach Mihangel

A'r gaeaf bron â gafael
ynom i gyd, mae i'w gael
heibio'r haf rhyw felyn brau
yn hydref o belydrau.

Cyffroad un eiliad yw
ac oed byrhoedlog ydyw
pan fo lliw'n dod i'w ddiwedd
a'r byw yn wynebu'r bedd.

Yn yr hwyr cael darn o'r haf
yn haul ein cyfle olaf
wrth ddod i wybod na all
yfory roi haf arall.

Traddodiad
(I Catrin a Siwan a'u cenhedlaeth)

Tra cyll y tad yr hen ddyheadau
a throi yn hanes fy hanes innau,
rhain yw dyfodol yr hen dafodau,
yn gân eu gwerin mewn gwên a geiriau,
ac yn llên yr awen iau ar y daith,
ymlaen y mae iaith eu mileniwm hwythau.